MINISTÈRE DES TRAVAUX PUBLICS.

PORTS MARITIMES

DE LA FRANCE.

NOTICE

SUR

LE PORT DE TÉNÈS,

PAR M. BRANLIÈRE,

CONDUCTEUR FAISANT FONCTIONS D'INGÉNIEUR DES PONTS ET CHAUSSÉES.

PARIS.

IMPRIMERIE NATIONALE.

M DCCC XC.

MINISTÈRE DES TRAVAUX PUBLICS.

PORTS MARITIMES
DE LA FRANCE.

NOTICE

SUR

LE PORT DE TÉNÈS,

PAR M. BRANLIÈRE,

CONDUCTEUR FAISANT FONCTIONS D'INGÉNIEUR DES PONTS ET CHAUSSÉES.

PARIS.
IMPRIMERIE NATIONALE.

M DCCC XC.

PORT DE TÉNÈS.

CHAPITRE PREMIER.

RENSEIGNEMENTS GÉOGRAPHIQUES ET HYDROGRAPHIQUES.

La ville de Ténès est située sur la côte Ouest du département d'Alger, à 2 milles 1/2 à l'Ouest du phare du même nom; le phare est lui-même par 0°59′39″ de longitude Ouest et 36°33′7″ de latitude Nord.

La distance qui sépare Ténès d'Alger est de 34 lieues marines, et par terre (*via* Orléansville) de 261 kilomètres.

La ville a été fondée au milieu de la côte du Dahra, entre Alger et Oran, sur un plateau légèrement incliné, de 40 à 50 mètres de hauteur au-dessus de la mer; elle est bordée: au Nord, par une falaise accore qu'une plage étroite sépare de la mer; à l'Est, par une pente escarpée bordant la petite vallée de l'oued Allala, que traverse le chemin du port; au Sud, par les premiers contreforts des montagnes qui commencent de suite, à la porte de la ville; enfin, à l'Ouest, par un plateau étroit de 20 à 30 mètres d'élévation, accore sur la mer qu'il longe sur plusieurs lieues.

Un phare est construit à la pointe du cap Ténès; il est dominé immédiatement au S. E. par une arête dentelée à grands escarpements verticaux, composée, comme le massif du cap, de calcaire blanc, parfois saccharoïde, et dont le point le plus haut atteint 640 mètres d'élévation. Les sommets se couvrent de brouillards dès le matin lorsque le vent d'Est doit souffler.

Le phare est du 1er ordre, à éclipses de minute en minute et d'une portée lumineuse de 35,7 milles pour l'éclat et de 14,8 milles pour le feu fixe. Sa hauteur est de 26 mètres au-dessus du sol et de 89 mètres au-dessus des hautes mers; il a été allumé le 15 novembre 1865.

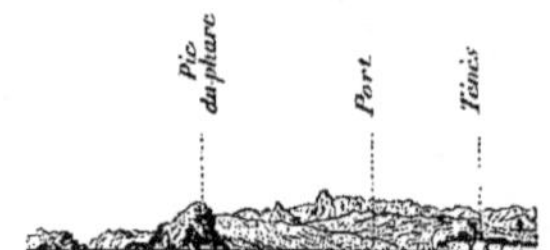

Fig. 1. — Cap Ténès au S. 67° E. à 12 milles.

Le port est situé entre la ville et le phare, à 1,800 mètres environ de la première, dans une anse ouverte aux vents de l'Ouest, du Nord et du N. E., c'est-à-dire à tous les vents dangereux; il est abrité : à l'Ouest, par la jetée S. O., l'îlot et la jetée N. O.; à l'Est, par la jetée N. E. La passe est tournée au Nord, mais couverte par un brise-lames dont la direction est E. N. E.–O. S. O.

On entre dans le port par l'Est et par l'Ouest.

Description de la côte et atterrissements. — La baie de Ténès comprend le massif rocheux du phare à son extrémité Est, les dunes qui bordent la vallée de l'oued Allala au centre, des falaises accores jusqu'à la pointe des Maïnis qui la termine à l'Ouest.

Le massif du phare est composé de calcaire très dur inattaquable par la mer; l'oued Allala charrie des vases en hiver lorsqu'il rompt sa barre; cette vase est entraînée dans les grands fonds et disparaît. Les falaises de l'Ouest, composées de grès tendres, se désagrègent et donnent des sables qui viennent s'accumuler entre l'embouchure de l'oued et la jetée S. O. du port; la plus grande largeur de la dune est aujourd'hui contre la jetée : ce qui s'explique, puisque ces sables qu'y jettent les mers d'Ouest ne sont plus ramenés par les mers d'Est, abrités qu'ils sont par la jetée elle-même.

Il résulte d'observations exactes faites depuis six ans que la ligne des sables reste sensiblement stationnaire.

Dans l'intérieur du port, dans l'angle S. O., existe une petite plage de sable qui a augmenté avec les travaux du brise-lames; il ne nous a pas été encore possible de nous rendre bien compte des causes qui produisent cet effet. Nous avons lieu de croire que, depuis que le brise-lames émerge sur une longueur importante, le courant qui s'établit dans la passe Ouest par les mers d'O. N. O., qui sont les grosses mers, suit la jetée N. E. à l'intérieur jusqu'à terre, puis le rivage, entraînant le peu de sable qui s'y trouve, et vient mourir dans l'angle S. O. du port où il dépose.

Ces dépôts ne présentent, du reste, pas d'importance jusqu'à présent. Nous suivons le mouvement et nous en étudions les causes.

Les fonds sont de vase compacte: ils varient, dans le port, de 1 mètre à terre jusqu'à 12 mètres près de la jetée N. O. La tenue en est très bonne. La passe est par 12 mètres; le brise-lames est construit sur un plan légèrement incliné de l'Est à l'Ouest : 13 mètres de profondeur au musoir Est, 17 mètres au musoir Ouest.

Une roche sous-marine existe presque au milieu du port; elle a 40 mètres de longueur sur 16 mètres de largeur. On travaille à la déraser (adjudication en date du 25 septembre 1889).

Atterrage. — Le port de Ténès, couvert par un brise-lames, présente deux passes; celle de l'Est, la plus petite, n'est aujourd'hui fréquentée que par les petits navires. Cela tient surtout à ce qu'en entrant par cette passe, on a le cap sur la roche sous-marine, et que les navires de grande longueur craignent de ne pouvoir venir assez vite sur bâbord pour l'éviter.

Les grands navires entrent donc par la passe de l'Ouest.

Le navire qui approche des côtes de Ténès reconnaît d'abord le phare du cap.

S'il vient de l'Est avec des vents battant en côte, il passe à

3 milles environ de ce phare et se dirige vers le S. S. O., de façon à dépasser le port et à revenir sur la passe Ouest par une courbe plus ou moins grande suivant l'état du vent et de la mer. Dans tous les cas, il contourne en entrant au plus près le musoir Ouest du brise-lames et celui de la jetée N. O. de façon à couper le chenal obliquement.

Si le navire vient de l'Ouest avec vent de S. O. ou d'Ouest, il entre vent arrière par le milieu de la passe, en serrant le musoir de la jetée N. O. pour pénétrer dans le port. Avec les vents du N. N. O., le navire s'élève de façon à rentrer comme précédemment en rangeant de près le musoir Ouest du brise-lames. Par les vents frais d'Est et de S. E., un voilier ne peut entrer dans le port par la passe Ouest qu'avec un remorqueur.

La passe de l'Ouest présente cet inconvénient que le navire qui veut y entrer par une grosse mer est obligé de prendre une direction sensiblement parallèle aux vagues, c'est-à-dire qu'il reçoit la mer de flanc. D'autre part, un voilier engagé dans cette passe qui est assez longue, peut manquer de vent, abrité qu'il est par le brise-lames. Il est alors obligé de mouiller et peut être drossé par les courants sur la jetée.

La passe de l'Est ne présente pas ces inconvénients. Aussi, nul doute qu'elle ne soit beaucoup plus fréquentée lorsque la roche sous-marine sera enlevée. La tenue du port est excellente. Les travaux destinés à assurer l'éclairage des passes ne sont pas faits; le projet en est préparé.

Courants. — Les courants sont insignifiants. Le courant généralement régnant est celui que l'on observe sur toute la côte de l'Algérie et qui est dû : suivant les uns, au déversement incessant des eaux de l'Océan dans la Méditerranée par le détroit de Gibraltar; suivant les autres, aux vents d'O. N. O. dont la prépondérance est incontestable. Sa direction est de l'Ouest à l'Est.

Ce courant ne parcourt qu'un tiers de mille à l'heure d'après

MM. Bérard et Lieussou; il est toujours trop faible pour entraîner le fond; il renverse à la surface par les vents violents, tout en conservant sa direction à quelques mètres de profondeur.

Tout à fait à terre, il s'établit, près des pointes, des contre-courants de directions diverses, suivant l'état et la direction de la mer.

Vents. — Les vents régnants à Ténès sont les vents du Sud, de l'Ouest et de l'Est.

Le tableau ci-après donne les résultats obtenus :

	SAISONS.	N.	N. E.	E.	S. E.	S.	S. O.	O.	N. O.	TOTAUX.
1884.	Hiver	1	10	9	4	49	1	12	5	91
	Printemps	1	5	9	10	42	1	23	1	92
	Été	″	″	31	10	27	4	18	2	92
	Automne	1	14	16	8	37	2	9	4	91
	TOTAL									366
1885.	Hiver	3	7	7	4	42	″	17	10	90
	Printemps	2	9	15	2	31	2	26	5	92
	Été	″	4	37	8	22	″	21	″	92
	Automne	″	6	9	3	41	5	20	7	91
	TOTAL									365
1886.	Hiver	3	7	11	″	39	″	19	11	90
	Printemps	1	3	26	4	28	1	28	1	92
	Été	″	6	46	8	18	″	14	″	92
	Automne	2	8	11	5	36	1	23	5	91
	TOTAL									365
1887.	Hiver	3	9	11	″	44	4	13	6	90
	Printemps	″	5	25	4	34	″	23	1	92
	Été	″	2	70	″	10	1	9	″	92
	Automne	2	4	14	″	32	1	37	1	91
	TOTAL									365
	TOTAUX	19	99	347	70	532	23	312	59	1.461

Les vents d'Ouest passant par le Nord et le N. E., les vents d'amont, sont les vents de grosse mer et de tempête en hiver. C'est par un vent de ce genre que les jetées furent démolies en 1874. Les vents d'Est sont quelquefois d'une violence inouïe et obligent souvent les navires à doubler leurs amarres, mais la mer est calme. Ils tombent généralement le soir en passant quelquefois au Sud.

Les vents du Sud sont les moins forts.

Il n'existe que quatre années d'observations sur les vents régnants à Ténès. Ces observations ont lieu deux fois par jour : à 11 heures du matin, heure à laquelle le vent est établi, et à 6 heures du soir, heure à laquelle il tombe en temps ordinaire. Elles sont faites au port même.

Les diagrammes ci-après montrent le régime des vents moyens pour les quatre années d'observations.

En réduisant à 365, on trouve pour les vents de chaque direction les proportions suivantes :

Nord	4.8
Nord-Est	25.0
Est	87.1
Sud-Est	17.5
Sud	132.0
Sud-Ouest	5.8
Ouest	78.0
Nord-Ouest	14.8
Total	365.0

On n'a pas d'observations sur la violence des vents.

Les vents du Sud et de l'Ouest sont les vents d'hiver ou, du moins, c'est pendant cette saison qu'ils sont le plus violents, le Sud tournant presque toujours à l'Ouest.

Le vent d'Est règne au printemps et en été; il souffle souvent très grand frais, horizontalement, en rasant la surface des eaux, mer calme.

Fig.2. Diagrammes pour chaque saison.
Échelle de 0ᵐ0005 pour 1 jour.

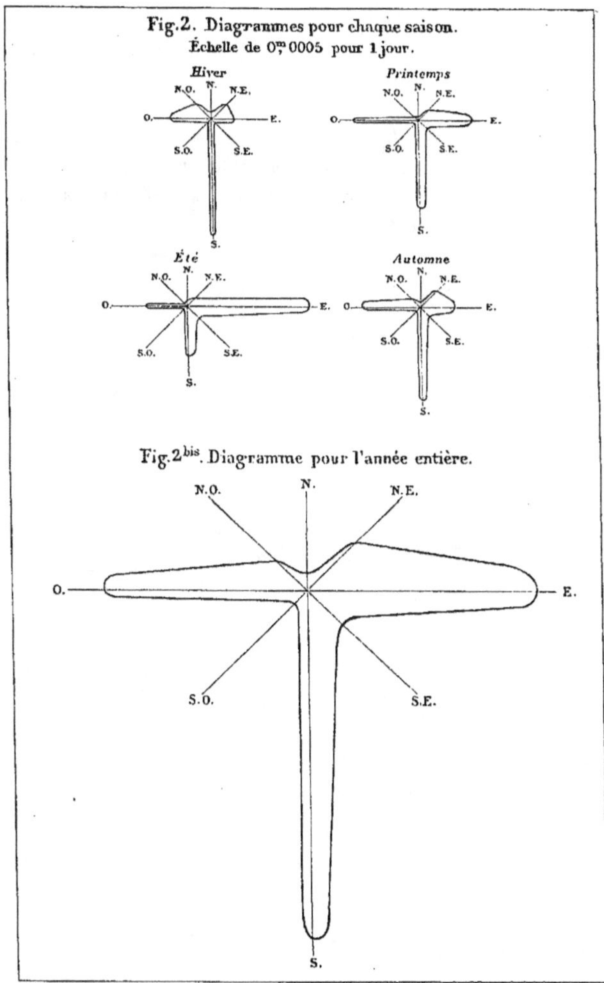

Fig.2ᵇⁱˢ. Diagramme pour l'année entière.

Le vent du Nord est très rare à Ténès et ne s'observe guère que comme passage d'un vent de N. O. à un vent de N. E.; mer toujours grosse.

Hautes mers et basses mers. — Les plus basses mers s'observent en mars; les plus hautes en septembre et octobre. La différence de niveau entre elles est de $0^m,60$ environ. Les eaux sont moyennes tout l'été.

CHAPITRE II.

RENSEIGNEMENTS HISTORIQUES.

Cartenna. — « Au temps de Moïse », dit une légende recueillie par Shaw, « les gens de Ténès étaient des sorciers renommés. Le pharaon d'Égypte en aurait fait venir quelques-uns parmi les plus habiles, pour les opposer à un thaumaturge israélite qui battait les magiciens des bords du Nil. »

Sans remonter avec le voyageur anglais à ces temps fabuleux, il faut reconnaître à la ville de Ténès une origine ancienne, et tout porte à croire qu'elle fut bâtie par les Phéniciens, postérieurement, sans doute, à la fondation de Carthage, c'est-à-dire vers le huitième ou le septième siècle avant Jésus-Christ.

Les Romains l'appelèrent Cartenna, mot formé de Karth, *ville*, en phénicien, ou de Car, *cap*, en berbère, et de Tenna, nom de lieu. Cartenna, isolée par le massif du Dahra des grandes routes naturelles des invasions, n'a pas d'histoire.

Pline nous apprend que la ville de Cartenna reçut, trente ans avant notre ère, un détachement de colons tirés de la deuxième légion, licenciée par Auguste après la bataille d'Actium, comme la plus grande partie des armées romaines; on a retrouvé, en effet, les épitaphes de quelques-uns de ces soldats de la deuxième légion.

Une autre inscription plus importante, trouvée à Ténès même, prouve du reste que cette ville est bien bâtie sur l'emplacement de Cartenna; elle était gravée sur le piédestal d'une statue élevée au duumvir Caïus Fulcinius Optatus :

```
C.FVLCINIO MF QVIR
OPTATO ..LAM AVG. II VIR
QQ.PO..IF II VIR AVGVR
```

AED Q.....ORI QVI
INRVP....E BAQVA
TIVM CO..NIAM TVI
TVS EST...TIMONIO
DECRETI . ORDINIS ET
POPVLI. ARTENNITANI
ET INCOLA. PRIM. IPSI
NEC ANTE VLLI
AERE C.NLATO.

« A Caïus Fulcinius, fils de Marcus, de la tribu Quirina, sur-
nommé Optatus, flamine augustale, duumvir, édile, questeur, lequel, dans une rupture avec les Baquates, a protégé la colonie,
comme le témoigne le décret du corps municipal et de la popula-
tion de Cartenna; et les habitants ont accordé cet honneur à lui le
premier, et à aucun autre auparavant, par souscription. »

Fig. 3.

La colonie dut ensuite avoir à repousser bien des attaques des
populations belliqueuses du Dahra; mais elle ne fut arrachée à la
domination romaine qu'après le passage du comte Théodose (373).

Les Vandales ne pénétrèrent pas dans le Dahra, et, jusqu'à la
conquête arabe, le pays paraît avoir formé un royaume indépen-
dant, avec Ténès pour capitale. C'est à cette époque qu'il faudrait

faire remonter la fondation de la seconde ville de Ténès, devenue aujourd'hui le Vieux-Ténès par opposition avec la ville neuve française.

« A cette époque, nous dit M. Berbrugger, la fille du roi de Ténès se plaignit à son père de la violence des vents du N.E. qui balayaient le plateau de Cartenna, où vivait le roi berbère. Son père lui permit de se bâtir une maison, à l'abri du vent, sur le rocher du Vieux-Ténès. Sa famille et ses courtisans vinrent bâtir autour d'elle. Puis, à la suite d'un épouvantable tremblement de terre, Cartenna fut détruite, ce qui décida les survivants à imiter les autres et à se retirer au Vieux-Ténès. »

Les vents violents du N.E., le Vieux-Ténès, sur son rocher à 2 kilomètres de la mer, au bord de l'oued Allala, existent encore, et les Français les premiers ont relevé Cartenna de ses ruines.

On ne connaît presque rien de l'histoire de Ténès-la-Neuve (aujourd'hui Vieux-Ténès).

Nous citerons seulement la description d'El-Bekri parce qu'elle est encore vraie aujourd'hui.

« Ténès, ville entourée d'une forte muraille, est située à deux milles de la mer. Dans l'intérieur de la place est une colline escarpée dont le sommet est couronné par un petit château (ce château est détruit). Ténès renferme une mosquée et des bazars. La rivière Teniatin (oued Allala), qui entoure la ville du côté de l'Est et du Nord, vient des montagnes situées à un jour de marche et se décharge dans la mer. On trouve à Ténès quelques bains. Cette ville s'appelle Ténès-la-Neuve. Les habitants montrent sur le bord de la mer un château qu'ils disent être l'ancienne Ténès. »

Depuis El-Bekri (1060) jusqu'à nos jours, on ne rencontre le nom de Ténès que bien rarement.

En 1299, le sultan Abou-Yacoub-Youçof de la dynastie des Mérinides de Fez, après avoir soumis Miliana, s'empare de Ténès; mais cette ville dut échapper bientôt à la domination de ces sultans, car nous voyons que l'un deux, Abou-l'Hacen, la reprend en 1336 ainsi que Miliana, Alger et beaucoup d'autres villes, pendant qu'il fait le fameux siège de Tlemcen, la capitale des princes Abd-el-Ouadites.

Ensuite, on ne trouve plus sur Ténès-la-Neuve qu'une description de Marmol (xvie siècle) qui se termine ainsi : « Le cadet Barberousse prit cette ville après la mort de son aîné, et, depuis, elle a toujours été aux Turcs. »

D'après une autre tradition plus probable, Ténès a été prise en 1516 par Barberousse l'aîné qui conquit à la même époque Cherchell et Tlemcen.

Quoi qu'il en soit, « à partir de cette époque, Ténès s'éclipse définitivement, dit le capitaine Bourin dans son *Histoire des villes de l'Algérie,* et ses chroniqueurs sont obligés de sauter d'un bond à la conquête française ».

En terminant cette esquisse historique, nous ne pouvons passer sous silence la mauvaise opinion qu'ont exprimée sur Ténès tous ceux qui en ont parlé : le climat, les habitants, rien n'y est épargné.

El-Bekri (1068) cite les vers du poète Saïd-ibn-ou-Chekla, natif de Tehert (Tiaret) :

« Ténès, ville de malheur où l'on conduit ceux dont la vie doit promptement s'éteindre. Ténès est aussi fatale que le temps et le bourreau; son eau est le juge qui nous mène à la mort. Son aspect funèbre est le glaive du trépas. . . . .

« On voit les habitants accablés par les coups de la fièvre et s'enivrant, malgré cela, depuis le matin jusqu'au soir. »

L'eau de Ténès est mauvaise et chargée de sel de magnésie; la plaine de l'oued Allala a dû être marécageuse à l'époque dont il est question, elle ne l'est plus aujourd'hui. Hâtons-nous d'ajouter que le poète était malade et qu'il est mort à Ténès.

Mais d'autres ont parlé de même, et le dernier, Ahmed-ben-Yousef, le saint de Miliana, a fait passer en proverbe les paroles qu'il prononça lors de la visite qu'il fit à Ténès il y a quatre cents ans :

« Ténès, ville bâtie sur du fumier; son eau est du sang; son air est du poison. »

Il est vrai que les Ténésiens, peu respectueux, ou désireux d'éprouver sa sainteté, avaient essayé de lui faire manger un chat; mais d'un seul mot, *sob*, mot employé pour se débarrasser des chats importuns, le marabout, qui avait reconnu la supercherie, fit fuir au galop l'animal mis à la broche, tout rôti qu'il était.

Cette victoire aurait dû lui suffire.

Aujourd'hui Ténès est une ville très saine; le plateau est toujours balayé par les vents, mais sans que cet état de choses présente de grands inconvénients. L'eau seule est toujours mauvaise.

Cartenna, port de mer. — Cartenna, à notre avis, n'a jamais été un port. La raison en est que la rade est très mauvaise et battue « par tous les vents dangereux ».

Il est vrai qu'on a cherché à tourner la difficulté en disant d'abord que la mer pénétrait, jadis, jusqu'au Vieux-Ténès, puis, que l'oued Allala avait été canalisé jusque-là; et, d'après M. le capitaine Bourin, on aurait trouvé des traces de quai sur les bords de la rivière, au pied de la forteresse arabe.

Nous n'en croyons rien par cette raison péremptoire qu'au-dessous du Vieux-Ténès l'oued Allala coule sur un seuil rocheux considérable, beaucoup plus élevé encore aujourd'hui que la mer, et qui ne pouvait que l'être davantage autrefois. Une seconde raison est que le torrent, qui parcourt pendant 4 kilomètres au-dessus du Vieux-Ténès des gorges rocheuses et ébouleuses très encaissées, roule jusqu'à 1 kilomètre en aval de la ville arabe et a toujours roulé des blocs considérables empêchant toute navigation.

La trouvaille d'une vieille carène de bateau au pied du Vieux-Ténès, lors de l'occupation française, a donné naissance à cette fable de l'oued canalisé; mais le fait peut s'expliquer de plusieurs manières : l'épave a pu simplement être traînée là par les Arabes pour en tirer le métal employé à la construction.

La vérité est que les bateaux qui venaient quelquefois à Ténès, étaient sans doute tirés en deçà de la barre de la rivière, à l'abri des coups de mer; mais il n'y a jamais eu de port à Ténès.

Aucun auteur, du reste, ne parle d'un ouvrage de ce genre, ni même de quelque chose d'analogue.

El-Bekri (1068) dit bien que les marins d'Andalousie avaient l'habitude d'aller passer l'hiver dans le port de Ténès; mais il faut entendre le mot port dans le sens de rade, comme l'entend Marmol dans sa notice, cinq siècles plus tard, lorsqu'il dit : « vis-à-vis de la ville, il y a une islette où les vaisseaux se mettent à l'abri pendant la tempête, quand ils ne peuvent demeurer au *port* », et comme les Arabes l'entendent encore aujourd'hui.

Fig. 4.

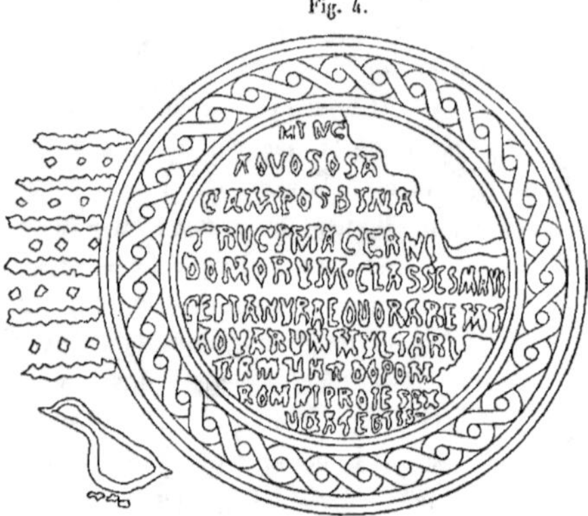

Il est bien certain que les Andalous, s'ils passaient l'hiver à Ténès, devaient tirer leurs barques à terre ou leur faire franchir simplement la barre de l'oued Allala.

Quant aux flottes romaines qui venaient ravitailler la colonie ou chercher des grains, elles devaient, comme nous avons vu de nos jours encore faire les balancelles d'Espagne, rester sur leurs ancres devant Ténès et prendre le large au premier signe de mauvais temps.

La figure 4 représente une inscription trouvée au-dessus même du port actuel ; elle paraît consacrer le souvenir d'un combat naval qui aurait eu lieu en cet endroit.

Conquête française. — Ténès ne fut occupée que douze ans après la prise d'Alger ; on sait, en effet, qu'il n'était question de rien moins, pendant les premières années de la conquête, que d'abandonner l'Algérie.

C'est seulement en 1841, après dix ans d'hésitation, que le Gouvernement se décide à poursuivre résolument l'occupation de la régence d'Alger et charge le maréchal Bugeaud de mener cette entreprise à bonne fin.

Le 22 décembre, le colonel Changarnier occupe Ténès sans coup férir ; il devait y passer l'hiver. N'y trouvant que des abris insuffisants et aucune ressource pour sa cavalerie, il abandonne la place.

Mais en 1843, le maréchal Bugeaud, arrêtant un plan de colonisation en même temps qu'un plan de campagne, décide l'occupation de la plaine du Chélif et la création du port de Ténès, débouché naturel de cette plaine.

Le 27 avril, le maréchal marque l'emplacement d'Orléansville ; le lendemain, il part pour Ténès, ouvrant devant lui la route qui doit relier ces deux villes, et dont le tracé a été presque entièrement conservé.

Le 16 mai, 243 commerçants et industriels sollicitent des concessions pour s'établir à Ténès.

Le maréchal Bugeaud y avait laissé le colonel Cavaignac avec de nombreux travailleurs militaires.

On construit immédiatement des baraques, des puits, des fortifications, des magasins pour l'armée, des fours ; on transporte des bois, on crée des jardins ; on fouille les ruines romaines dont on emploie les matériaux « sans égard à leurs inscriptions et à leur

3

premier usage », dit M. Bérard, ancien capitaine de corvette, puis colon à Ténès; on transforme les vieilles citernes en caves, en magasins, en prisons et la ville est créée.

En 1845, un soulèvement éclate aux portes mêmes de la jeune cité; mais après deux ans de lutte dans le Dahra, le célèbre agitateur Bou-Maza est vaincu et pris, et depuis, Ténès n'a plus été inquiétée. La grande insurrection de 1871 ne gagna pas le Dahra.

Ténès prospéra relativement jusqu'en 1869; elle était, en effet, le seul point d'embarquement des céréales du Dahra et de la plaine du Chélif, et pendant la guerre de Crimée notamment, on expédia de ce port des quantités considérables de grains, de fourrages, etc. De plus, comme au temps d'El-Bekri, Ténès commerçait avec l'Espagne qui lui apportait comme aujourd'hui, de la poterie, des vins, etc., et en emportait des grains, des céréales, etc.

Mais en 1869, la création de la ligne du chemin de fer d'Alger à Oran tua le commerce de Ténès avec l'intérieur; le trafic avec l'Espagne, seul, lui est resté.

Ténès ne reprendra la vie et le mouvement qu'après la création du chemin de fer d'Orléansville.

Cette ligne, comprise d'une manière éventuelle, dès 1860 (loi du 20 juin), dans le réseau projeté, fut classée, par la loi de 1879, dans le réseau des lignes de chemin de fer d'intérêt général à construire en Algérie dans un délai de dix ans; elle reste, aujourd'hui, l'une des seules lignes classées par cette loi qui n'ait encore fait l'objet d'aucune convention.

Les communes intéressées réunissent en ce moment leurs efforts pour arriver à la construction de ce chemin de fer. La ligne serait à voie étroite.

CHAPITRE III.

INDICATIONS RELATIVES AUX TRAVAUX.

Origines du port. — L'idée de créer un port à Ténès faisait certainement partie, même avant la conquête, du plan de colonisation
du maréchal Bugeaud : nous n'en voulons d'autre preuve que la
précision avec laquelle il a exécuté ce plan et la rapidité qu'il a
mise à élever les villes d'Orléansville et de Ténès.

Cette idée, nous dirons plus, la nécessité de créer un port à
Ténès, s'est du reste imposée à tous ceux qui se sont occupés de la
question.

Les raisons de cette nécessité sont d'ordres divers :

D'Alger à Arzew, sur une étendue de 180 milles, la côte est
inhospitalière, et il ne s'y trouve aucun point de refuge; les besoins
généraux de la navigation exigeaient donc qu'un port fût créé en
un point de cette longue étendue de côte. « La rade de Ténès, dit
M. Lieussou, n'aurait aucune importance sous les rapports militaire et commercial, qu'elle serait encore, par sa situation centrale
et ses heureuses dispositions naturelles, le seul emplacement favorable à cette création ».

Mais nous trouvons une preuve matérielle de la nécessité de ce
port dans le rapport de M. l'ingénieur Giret, joint au projet de
port qu'il envoyait, et où il a pu démontrer qu'en 1851, c'est-à-dire
huit ans seulement après la conquête, la valeur en navires et
chargements perdus dans la région depuis l'occupation atteignait
569,400 francs.

Au point de vue militaire, le port de Ténès était aussi très important, puisque c'était le seul point par où l'on pût ravitailler Orléansville et lancer sur le Dahra et la vallée du Chélif un corps de

troupes; d'autre part, on a vu que, pendant la guerre de Crimée et aussi pendant celle d'Italie, croyons-nous, le port de Ténès a été un point d'exportation important.

Il est certain que depuis la création du chemin de fer d'Alger à Oran, parallèle à la mer, cette raison militaire de la nécessité du port a perdu de sa valeur; mais il y a lieu d'observer qu'Orléansville est séparé d'Alger et d'Oran par 200 kilomètres, et, qu'en cas de guerre les communications par voie ferrée seraient immédiatement interrompues.

Restent les raisons tirées de la situation commerciale et industrielle du pays. Elles sont d'une importance capitale.

Il suffit, en effet, de jeter un coup d'œil sur la carte, pour voir que toute la partie centrale de la vallée du Chélif a pour débouché naturel le port de Ténès.

D'autre part, la région montagneuse du Dahra elle-même est un pays fertile.

Enfin, il y a autour de Ténès des mines de cuivre et de fer considérables. Nous entrerons dans plus de détails au chapitre iv : *Renseignements sur les faits économiques et commerciaux.* Mais ce simple aperçu montre combien Ténès sera un point de transit important, si les circonstances le favorisent.

Au point de vue commercial comme au point de vue militaire et à celui de la navigation, la nécessité d'un port à Ténès s'imposait donc à tous. Aussi, l'année même qui suivit la conquête, les commissions nautique et mixte s'occupèrent-elles de Ténès, et les conclusions de la Commission nautique qui fonctionna pendant un mois à Ténès (juin 1844) furent : «Si la Commission était appelée à établir un ordre de priorité dans les travaux maritimes à exécuter sur les divers points secondaires du littoral algérien, elle placerait en première ligne Cherchell et Ténès».

La Commission nautique se composait de MM. d'Assigny, capitaine de corvette, président; Lieussou, ingénieur hydrographe; Pavini, enseigne de vaisseau; de Brettevilles, chef du génie à Ténès;

Giret, ingénieur des ponts et chaussées; et Émeric, enseigne de vaisseau, directeur du port de Ténès.

Décision de principe au sujet du port. — Trois avant-projets furent présentés au Conseil d'amirauté dès 1845.

Le premier avait été établi par M. Giret, ingénieur des ponts et chaussées à Ténès; il renfermait 14 hectares.

Le second, de 22 hectares, était celui de la Commission nautique.

Le troisième, de 9 hectares 1/2, était un contre-projet présenté par M. Bernard, inspecteur général des travaux hydrauliques.

Les conclusions du Conseil furent les suivantes :

« Que la baie de Ténès, à raison de sa situation, est naturellement indiquée pour recevoir un jour un plus grand établissement maritime.

« Qu'un seul des projets classés mérite d'être adopté; c'est celui qui a pour but l'établissement d'un port, bassin de 22 hectares de superficie. . . . .

« Qu'en conséquence un projet définitif devrait être préparé pour un bassin de 20 à 22 hectares, dont les jetées seraient combinées de telle sorte qu'en les exécutant l'une après l'autre, on pourrait obtenir l'amélioration progressive de différentes parties du mouillage et laisser à résoudre, en dernier lieu, la question de savoir si un brise-lames devra être établi au large pour abriter l'entrée du port. »

Le Conseil d'amirauté adoptait donc le projet de la Commission nautique. Ce projet s'élevait à 8 millions de francs.

Ces conclusions furent approuvées par le Ministre de la guerre, par dépêche du 27 juillet 1845 : « J'adhère en principe, disait le duc de Dalmatie, aux idées du Conseil d'amirauté sur l'utilité de créer à Ténès un port proportionné à l'importance militaire et politique de cette position. Mais le moment est encore probablement éloigné où il sera possible d'entreprendre une construction qui exigerait des dépenses considérables. Il n'y a donc pas lieu de donner, quant à présent, suite au projet adopté. "

Projet de port de M. Giret. — Le moment parut venu en 1850, et un projet définitif fut demandé à M. l'ingénieur Giret, qui avait fait partie de la Commission nautique de 1844.

Les trois projets présentés au Conseil d'amirauté en 1845 ne variaient guère que par leurs dimensions. L'emplacement choisi po ur tous était le même : le point de la côte abrité par le massif d'îlots situé à 1,200 mètres à l'Est de Ténès, l'islette de Marmol, celle derrière laquelle se sont abrités de tout temps les vaisseaux qui venaient à Ténès, carthaginois, romains, andalous, espagnols et français, ceux-ci jusqu'à la construction du port.

Dès l'origine, l'idée de créer le port devant Ténès même a été rejetée. M. Lieussou, rapporteur de la Commission nautique, en donne les raisons : « On ne peut établir ce port devant la ville, par des fonds de sable mouvant, à l'embouchure d'un ruisseau (l'oued Allala) qui charrie des vases. Dans cette condition, il devrait être créé de toutes pièces et il serait inévitablement ensablé. "

Le projet de M. Giret, établi d'après les bases posées par la Commission nautique et approuvées en 1845 par le Conseil d'a- mirauté, s'appuie donc aux îlots.

Le massif des îlots offre, dans ses plus grandes dimensions, une longueur de 260 mètres dirigée Nord et Sud, et une largeur de 120 mètres, dirigée Est et Ouest. Sa plus petite distance à la terre est de 400 mètres, et sur cette longueur règne une série de hauts- fonds de 2 mètres à 2^m,50 seulement au-dessous de l'eau.

Le port était placé à l'Est des îlots : il se composait d'une jetée reliant les îlots à la terre et prolongée au delà de ces îlots en se courbant vers l'Est; d'une jetée Est, enracinée à 660 mètres en- viron de la première et courant vers l'O. 7° N.; d'un brise-lames, couvrant la passe de 180 mètres de large et laissant, entre lui et les musoirs des jetées, des passes de 100 mètres à l'Ouest et de 120 mètres à l'Est.

Ce brise-lames, à établir par des fonds de $11^m,70$ à $14^m,50$, devait avoir 250 mètres de longueur.

Les jetées devaient être construites sur toute leur hauteur, avec des blocs de béton de 15 mètres cubes, et leurs faces extérieures revêtues de blocs de 30 mètres cubes.

Enfin, des quais étaient projetés le long de la rive. Le port fini devait offrir une nappe d'eau de 23 hectares, dont 5 avec des profondeurs de 2 à 5 mètres, 14 avec des profondeurs de 5 à 10 mètres, et 4 avec 10 et $12^m,80$.

La dépense était estimée à 10 millions. Mais M. Giret pensait qu'on pouvait satisfaire aux besoins du commerce de son temps en ne faisant qu'une partie des jetées, et il concluait à une dépense immédiate de 2 à 3 millions seulement.

Ce projet est celui qui a été exécuté plus tard, du moins dans ses lignes générales, mais il ne fut pas transmis à l'Administration. Le manque de ressources fit laisser la question de côté jusqu'en 1865.

Projet de port de M. Derotrie. — A la date du 12 août 1865, M. le Gouverneur général, maréchal de Mac Mahon, à la suite d'une pétition des habitants de Ténès appuyée d'un rapport des ingénieurs, prescrivit de préparer un projet complet des travaux à exécuter pour créer un port à Ténès.

« Ce projet, disait M. le Gouverneur général, dont les bases seront les mêmes que celles qui ont servi à M. Giret en 1851, embrassera l'ensemble des travaux en indiquant l'ordre d'urgence dans lequel ils devront être exécutés. »

Le projet demandé fut dressé par M. l'ingénieur Derotrie, alors en résidence à Cherchell; mais, à la date du 2 juillet 1867, M. le Gouverneur général en ordonna le remaniement, notamment parce

que la dépense à faire pour les premiers travaux, ceux destinés à
créer d'abord un port de refuge, dépassait 3 millions de francs.

M. le Gouverneur général prescrivait d'ajourner le projet de
brise-lames, et décidait que les jetées seraient formées avec des
blocs naturels et des blocs artificiels en proportions égales, autant
que faire se pourrait.

Projet de port de M. Lamairesse. Exécution. — Le projet, remanié
et ramené à 3 millions de francs, fut présenté par M. l'ingénieur
en chef Lamairesse le 25 décembre 1867.

Ce projet fut approuvé le 6 mars 1868 par M. le Gouverneur
général sous la réserve de diverses rectifications, et le montant de
la dépense totale fut fixé à 2,400,000 francs, y compris une somme
à valoir de 295,376 fr. 93.

Les conférences réglementaires avec les services intéressés
n'amenèrent aucun changement dans les dispositions adoptées et
les travaux furent adjugés le 12 mai 1868 à M. Dessoliers,
moyennant un rabais de 3 p. o/o.

Les travaux comprenaient les ouvrages prévus au projet de la
Commission nautique de 1845, moins le brise-lames, dont l'ajour-
nement avait été décidé par M. le Gouverneur général en 1867,
comme nous l'avons dit plus haut. Mais les jetées étaient prévues
dans des conditions plus économiques et, partant, d'une solidité
moindre.

Le devis et cahier des charges de l'entreprise énumère les travaux
à faire :

1° Construction de la jetée N. O. sur une longueur de 220 mètres;

2° Construction de la jetée N. E. sur une longueur de 370 mètres, à partir du point où elle s'enracine au rivage;

3° Construction de la jetée S. O. reliant les îlots à la terre;

4° Construction du quai Est et de son terre-plein sur une longueur de 250 mètres, et du quai Ouest sur 50 mètres;

FIG. 5. PROJET APPROUVÉ LE 6 MARS 1868.
Profil de la jetée N.O. 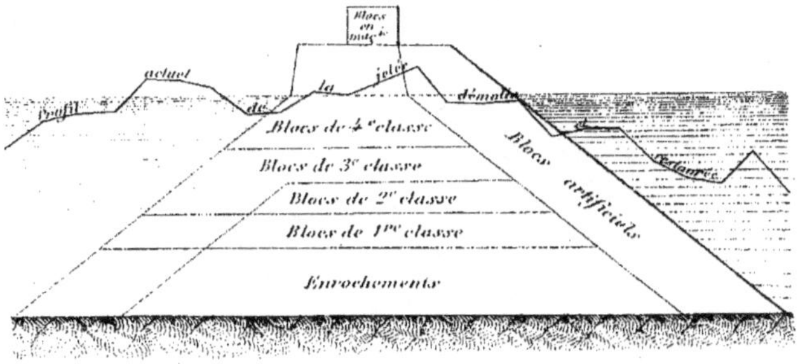
Blocs en maç.
Profil actuel de la jetée
démoli
Blocs de 4e classe
Blocs de 3e classe
Blocs de 2e classe
Blocs de 1re classe
Enrochements
Blocs artificiels
Profil de la jetée N.E. 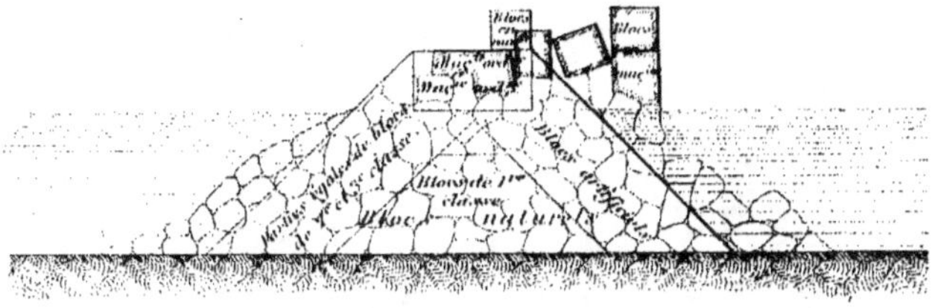
Blocs en maç.
Blocs en maç.
Maç. ord.
Maç. ord.
Blocs de 1re classe
Bloc naturel
Blocs artificiels
Profil de la jetée S.O. 
Blocs en maç.
Maç. ord.
Blocs de 1re classe
Nota : Le trait rouge indique le profil du projet.
Le trait noir indique le profil éxécuté.

5° Enfin, établissement de terre-pleins pour quais provisoires et chantiers, tant aux îlots qu'à terre.

La chaux hydraulique était achetée directement par l'Administration et provenait du Teil.

Les crédits étaient pris sur une somme de 100 millions mise à la disposition du Gouvernement général de l'Algérie par la Société générale algérienne.

Quant aux travaux eux-mêmes, voici, d'après le devis, comment ils devaient être exécutés :

« La jetée N. O. sera composée, au-dessous de la flottaison, ainsi que son musoir, d'un massif d'enrochements en moellons et blocs naturels, défendu du côté du large par un revêtement de blocs artificiels.

« La jetée N. E. sera attachée à terre par un massif en béton coulé sur place, au-dessous de la flottaison, sur une longueur de 90 mètres, et qui formera l'enracinement. En avant de cet enracinement, la jetée N. E. sera composée, au-dessous de la flottaison, d'un massif de blocs artificiels.

« La jetée S. O. sera composée d'un massif en béton, de 4 mètres d'épaisseur minimum, coulé sur place du côté du large et fortifié, de ce même côté, par des rangées de blocs artificiels de 15 mètres cubes et, du côté opposé, par un massif de blocs naturels.

« Au-dessus de la flottaison, les jetées N. O., N. E. et S. O., en avant de l'enracinement, seront couronnées par des massifs en maçonnerie ordinaire hydraulique, dont les dimensions sont fixées au projet.

« Les jetées N. O., N. E. et S. O., après leur achèvement, seront surmontées de lignes de blocs en maçonnerie ordinaire hydraulique formant murs de garde. »

Ces blocs, de 15 mètres cubes pour les deux dernières jetées, devaient être de 30 mètres cubes pour la jetée N. O., et laisser entre eux un espace de 0ᵐ,50.

Ces divers travaux furent exécutés, mais avec des modifications

4

tendant à diminuer la dépense, et ayant naturellement pour effet de diminuer aussi la résistance des ouvrages.

Suspension des travaux. — Les jetées étaient construites, mais les quais n'étaient pas faits, lorsqu'une décision de M. le Gouverneur général, en date du 12 août 1872, basée sur le manque de fonds, ordonna «la suspension absolue et indéfinie» des travaux.

Destruction d'une partie des jetées. — En 1873, la jetée N. E. éprouva quelques avaries, et une somme de 21,665 fr. 93 fut consacrée à la remettre en état.

Mais le 7 avril 1874, une première tempête du N. O. passant par le N. E. détruisit en partie la jetée N. O. et causa de grosses avaries à la jetée N. E., sur 198 mètres de longueur. Le couronnement de la première de ces jetées fut aussitôt réparé; dépense : 58,351 francs.

Le 28 décembre de la même année, un nouveau coup de mer enleva tout ce qui avait été fait et acheva la destruction de la jetée N. E. dans la partie déjà attaquée.

Ces avaries furent attribuées aux modifications apportées aux profils des jetées en cours d'exécution, modifications faites dans un but d'économie comme il a été dit plus haut.

Ce fut l'avis de MM. les inspecteurs généraux Legros et Hardy, et ce dernier, dans son rapport de juillet 1878, conclut ainsi :

«Il importe cependant, pour la continuation des travaux, qu'on sache que, si les jetées du port de Ténès ont éprouvé de graves avaries, ce n'est ni à cause de leur tracé, ni à cause de la violence exceptionnelle de la mer en ce point de la côte, mais uniquement parce qu'elles étaient insuffisamment constituées. »

Projet de M. Billard pour la restauration des jetées. — Le 24 avril 1875, M. l'ingénieur en chef Billard présenta un projet de restauration définitive des jetées s'élevant à 950,000 francs.

Mais M. l'inspecteur général Legros proposa à ce projet des modifications assez importantes, puisqu'elles devaient ramener la dépense à 660,000 francs seulement, et, en présence d'une différence aussi grande, M. le Gouverneur général demanda à M. le Ministre des travaux publics de vouloir bien soumettre la question à l'examen du Conseil général des ponts et chaussées.

Les conclusions de M. l'inspecteur général Kolb, chargé du rapport, furent les suivantes :

1° La jetée N. O. sera restaurée dans les conditions proposées par M. l'ingénieur en chef Billard ;

2° La jetée N. E. sera restaurée dans les conditions indiquées par M. l'inspecteur général Legros, en ayant soin, toutefois, de constituer le musoir et une partie de ses abris comme à la jetée N. O. ;

3° L'attention de MM. les ingénieurs est appelée sur les avantages qu'il y aurait, au point de vue de l'économie, à ne pas reporter de 10 mètres vers l'extérieur l'axe de la jetée N. E.

Ces conclusions furent adoptées par le Conseil le 29 novembre 1875.

Intervention de M. le contre-amiral de Saint-André. — Aucune suite n'avait encore été donnée au projet, lorsque le contre-amiral commandant la marine à Alger, vint mettre en question l'existence même du port de Ténès, du moins à la place qu'il occupe.

Dans la session du Conseil du gouvernement de 1877, à propos des crédits à affecter au port, M. le contre-amiral de Saint-André déclara qu'en admettant qu'on réparât, de manière qu'elles fussent à l'abri de toutes dégradations ultérieures, les jetées construites de 1868 à 1872, elles ne serviraient jamais à la création ni d'un refuge, ni d'un port de commerce ; qu'il valait mieux, dès lors, abandonner tout ce qui avait été fait, et construire, devant la ville de Ténès même, un nouveau port, dont il avait remis le plan à M. le Gouverneur général, lequel coûterait plus cher, il est vrai, mais constituerait un établissement maritime sérieux.

Cette déclaration, émanant de la première autorité maritime de l'Algérie, fit naturellement impression sur l'assemblée qui, tout en votant le crédit demandé, la signala à l'attention de l'Administration supérieure.

Par décision en date du 26 novembre 1877, M. le Gouverneur général de l'Algérie institua une commission chargée d'examiner s'il convenait de réparer les jetées actuelles en les complétant par un brise-lames, ainsi que le comportait le projet de la Commission nautique de 1844, ou s'il était préférable de se rallier à la proposition de M. le contre-amiral de Saint-André.

Travaux de la Commission de 1877. — La Commission eut à examiner deux projets : celui de M. le contre-amiral de Saint-André, et un projet de M. l'ingénieur en chef Lamairesse, établi en 1870.

De tout temps, les marins ont été hostiles à la construction d'un brise-lames à Ténès.

En 1844, le Conseil d'amirauté approuve le projet complet du port, et cependant on voit déjà poindre, dans les conclusions du rapport, un sentiment de doute et de méfiance au sujet du brise-lames : « on pourrait laisser à résoudre, en dernier lieu, la question de savoir si un brise-lames devra être établi ».

Plus tard, à diverses époques, on retrouve ce sentiment exprimé plus ou moins vivement, dans la correspondance des officiers de marine de tout grade et, notamment, dans celle des officiers du port de Ténès.

Sous l'influence de cette opinion, M. Lamairesse présenta, en 1870, un projet modifiant celui adopté en principe.

Ce projet consistait à supprimer le brise-lames et à « prolonger la jetée N. E. vers l'Ouest, de manière à n'avoir qu'une entrée de ce côté, un peu en amont de l'îlot. »

M. l'inspecteur général Ducos combattit le projet comme ne satisfaisant pas à la première condition d'un port de refuge, qui est d'avoir une entrée facile et accessible pour tous les navires par

tous les temps, et comme engageant l'avenir contre toute amélioration ou modification.

C'est dans ces conditions que le projet de M. Lamairesse revint
devant la Commission de 1877 avec celui de M. de Saint-André.

Le projet de M. le contre-amiral de Saint-André comprenait :

1° Une jetée de 1,300 mètres de long qui, enracinée au rocher
des Deux-Sœurs (l'*îlot*), auquel aboutissent les digues S. O. et N. O.
actuelles, est dirigée vers le S. 60° O. ;

2° Une seconde jetée qui, partant de la pointe de l'abattoir,
gagne l'îlot voisin et s'infléchissait ensuite vers le N. O., sur une
longueur de 200 mètres.

L'îlot étant à l'Est et l'abattoir à l'Ouest de Ténès, on aurait eu
ainsi un port immense couvrant la ville.

La dépense eût été de 9 millions.

La question fut définitivement tranchée par la Commission
de 1877 en faveur du brise-lames.

Cette commission examina le projet de la Commission nautique de 1844, celui de M. l'ingénieur en chef Lamairesse de 1870,
et celui de M. le contre-amiral de Saint-André de 1877 ; ses conclusions furent les suivantes :

1° Continuer le port actuel ;

2° Construire le brise-lames.

On lit de plus au procès-verbal :

« La Commission pense que, pour pourvoir aux besoins commerciaux, il ne faut pas faire de conquête sur la plage dans le but
d'y créer des quais ; il en résulterait une diminution de la nappe
d'eau et la suppression de la plage naturelle ; le ressac s'y déve-
lopperait beaucoup plus facilement. »

Et plus loin :

« Au nombre des travaux indispensables, la Commission signale
la nécessité de faire disparaître la roche qui est au milieu du
port. »

Enfin, un plan fixait la longueur et l'emplacement du brise-lames.

Projet de restauration complet des jetées. — Le 28 janvier 1878, M. le Gouverneur général donna l'ordre de dresser un projet de restauration et d'achèvement du port de Ténès, conformément aux indications de la Commission, à l'exception du brise-lames.

Le projet de restauration complète des jetées N. O. et N. E. seulement fut en conséquence préparé par les ingénieurs et présenté le 12 juillet.

Projet de construction du brise-lames et de restauration provisoire des jetées. — Mais quelques jours plus tard (18 juillet), ils présentèrent aussi le projet du brise-lames, projet qui fut énergiquement appuyé par M. l'inspecteur général Pascal au Conseil des ponts et chaussées.

Après avoir fait l'historique des projets présentés à toutes les époques pour le port de Ténès, il donna l'avis suivant :

« Sur le point de savoir si le projet de M. le contre-amiral de Saint-André doit être pris en considération, je n'hésite pas à me prononcer avec la Commission de 1877 et avec M. l'inspecteur général Hardy pour la négative. Si les travaux n'étaient pas arrivés au point où ils en sont, je crois qu'il faudrait donner à ce projet un très sérieux examen... Mais, en présence de la situation actuelle, de la dépense déjà faite,... l'hésitation ne me paraît pas permise. »

« La seconde question est celle du brise-lames. Faut-il décider aujourd'hui que cet ouvrage doit être exécuté? Ici l'hésitation est encore moins permise. Le brise-lames doit être commencé sans retard et poussé avec la plus grande activité possible. Je résumerai en un mot les raisons données en faveur de cette solution : sans le brise-lames, point de port; avec le brise-lames, un port convenablement abrité.

« La troisième question est celle de l'ordre d'exécution des ouvrages.

« Je me range complètement à l'avis de M. l'inspecteur général Hardy, qui consiste à exécuter tout d'abord le brise-lames, avant la restauration complète des jetées, en ayant soin, toutefois, de prévenir les nouvelles dégradations qui pourraient survenir à ces jetées par un tapissage, au moyen de blocs artificiels, de leurs parties susceptibles d'être dégradées.

« La quatrième question est celle de l'emplacement du brise-lames. MM. les ingénieurs ont accepté celui qui a été indiqué par la Commission de 1877. M. Hardy propose de l'infléchir légèrement vers l'Est afin de rendre la passe de l'Est plus praticable.

« Tous les marins signalent la passe de l'Est comme présentant de mauvaises conditions nautiques, et quelques-uns en demandent même la suppression.

« La proposition de M. Hardy atténuant un peu ces difficultés nautiques, sans porter atteinte au calme du port, me paraît devoir être acceptée.

« En ce qui concerne la suppression de cette passe, demandée en 1870 par M. l'ingénieur en chef Lamairesse, je la regarderais comme très dangereuse. La conséquence de cette suppression serait en effet le prolongement de la jetée N. E. jusqu'à la rencontre du brise-lames, à peu près vers son milieu. Or, il résulterait de cette disposition que, pendant les tempêtes, les lames, après avoir contourné le musoir Ouest du brise-lames, seraient dirigées par la jetée N. E. prolongée, dans l'intérieur du port où elles produiraient certainement un ressac extrêmement nuisible.

« La passe Est préviendra en grande partie ce ressac, les lames dont il vient d'être parlé écoulant de ce côté la majeure partie de leur puissance.

« La cinquième question est celle des profils proposés, tant pour le brise-lames que pour la restauration des jetées. En ce qui concerne le profil du brise-lames, attendu que c'est celui que l'on suit actuellement au port d'Alger, que l'expérience paraît l'avoir sanctionné, que les mers de Ténès sont indiquées comme n'étant pas supérieures à celles d'Alger, j'estime qu'il y a lieu de l'approuver avec les additions proposées par M. l'inspecteur général Hardy.

« En ce qui concerne le projet de restauration complète des jetées, comme je pense que cette restauration ne sera entreprise qu'après l'achèvement du brise-lames, ce qui obligera à refaire un nouveau projet, les conditions d'alors devant être toutes différentes de celles d'aujourd'hui, je crois pouvoir me dispenser de m'en occuper dans le présent rapport. »

Ces conclusions furent adoptées par le Conseil général des ponts et chaussées, le 24 octobre 1878.

La question du brise-lames était définitivement résolue de la façon la plus heureuse, l'expérience l'a prouvé, pour l'avenir du port.

Nous avons tenu à citer en entier l'avis de M. l'inspecteur général Pascal, à cause de son importance d'abord, et ensuite, parce qu'il a été suivi de tout point pour la rédaction du projet définitif du brise-lames.

Le montant de ce projet s'élevait à 2,800,000 francs. Il a été approuvé le 29 septembre 1879 par M. le Gouverneur général, et mis en adjudication le 18 novembre de la même année; l'adjudication a été tranchée en faveur de MM. Alcay et Helfferich, moyennant un rabais de 4 p. 0/0.

Les travaux ont été commencés en janvier 1880 et continués suivant les crédits alloués chaque année; ils ne sont pas terminés.

Le projet comprend :

1° La construction d'un brise-lames de 400 mètres de longueur, devant la passe;

2° La défense provisoire des parties des jetées N. O. et N. E. susceptibles d'éprouver de nouvelles dégradations.

Le brise-lames se compose d'un noyau inférieur, formé de différentes catégories d'enrochements naturels superposées les unes aux autres et placées à des profondeurs croissant en raison inverse de la grosseur des matériaux employés. Ce noyau est recouvert, du côté du large et dans sa partie supérieure, par un revêtement en blocs artificiels de 15 mètres cubes. Enfin, sur ce revêtement, s'élève à partir de la flottaison, jusqu'à 3 mètres au-dessus du niveau des plus basses eaux, un couronnement en maçonnerie de 7 mètres de largeur, défendu du côté du large par de gros blocs de garde également en maçonnerie, construits sur place les uns en dehors, les autres au-dessus de ce couronnement.

Fig. 6. — Brise-lames. Profil projeté. — Échelle de 0,002.

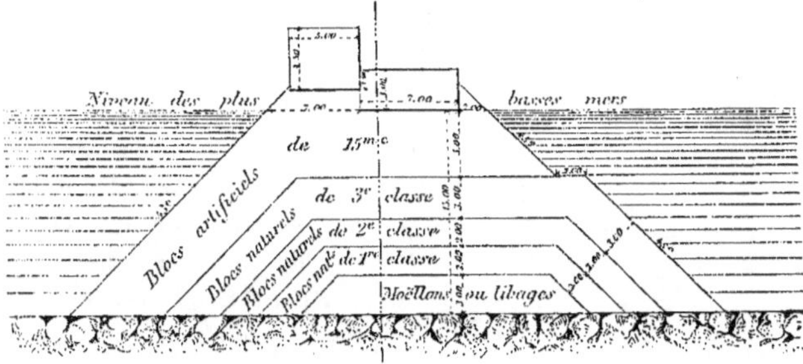

La défense provisoire des jetées N. O. et N. E. consiste uniquement dans la pose, par terre ou par eau, d'une rangée de blocs artificiels sur les talus extérieurs, dans les parties où ces talus sont exposés à être de nouveau attaqués par l'action des grosses mers.

Ce travail de restauration provisoire des jetées a été le premier exécuté.

Des blocs artificiels construits à terre restaient de l'entreprise Dessoliers; d'autres avaient été faits en 1875 et en 1878, en prévision précisément de la restauration des jetées. Une partie de ces blocs furent échoués sur le talus extérieur des jetées; et, aujourd'hui ces jetées, très solidement défendues du côté du large, ne font plus aucun mouvement, et présentent, à fleur d'eau, une assiette parfaitement fixe sur laquelle on pourrait bâtir sans appréhension.

Leurs profils actuels sont, du reste, les suivants :

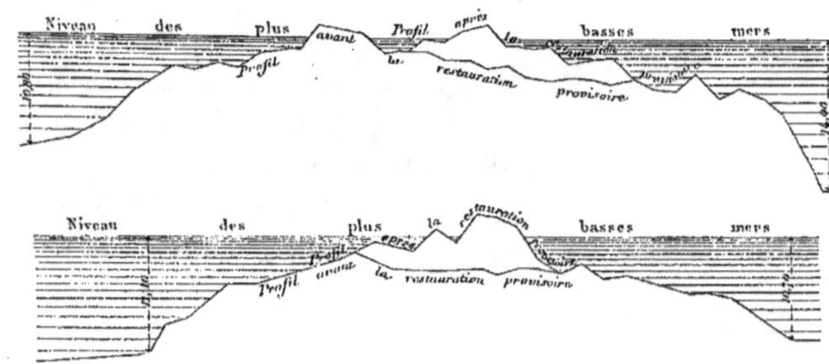

Fig. 7. — Restauration provisoire des jetées.

Le brise-lames a été commencé par son musoir Est. Toute l'année, on travaille à l'échouage des blocs naturels et artificiels lorsque le temps est favorable. En été, on maçonne le couronnement et les blocs de garde; pendant cette saison seulement, le temps est assez sûr pour permettre ce travail.

Le brise-lames est achevé sur 200 mètres environ. Les maçonneries du couronnement viennent d'être arrêtées à 110 mètres plus loin; à la suite, on coule les blocs encore nécessaires. Enfin, sur les derniers 20 mètres, le brise-lames émerge. On a tenu à signaler le plus tôt possible le musoir Ouest aux navigateurs, et le meilleur moyen était évidemment de le monter jusqu'au-dessus de la flottaison.

Quelques modifications ont été apportées, en cours d'exécution, au profil du brise-lames.

Tout d'abord, le talus du large, qui devait être de 45 degrés, n'a pu tenir à cette inclinaison sous l'action de la mer; il s'est adouci et présente, partout où le revêtement a subi au moins un hiver, une inclinaison peu différente de 3 de base pour 2 de hauteur.

La plate-forme a été modifiée par l'abaissement du bloc du parapet : sa face supérieure, qui devait être à 6 mètres au-dessus du niveau de l'eau, n'est plus qu'à 4^m,5o ; enfin, le revêtement en blocs artificiels a été exhaussé un peu, de manière à protéger sur 1^m,5o environ de hauteur le parement extérieur du mur de garde.

Par suite de ces modifications, la largeur à la ligne d'eau qui devait être de 16 mètres est en réalité de 18 mètres.

Le croquis ci-après donne le détail du profil d'exécution.

Fig. 8. — Brise-lames. Profil exécuté. — Échelle de 0,002.

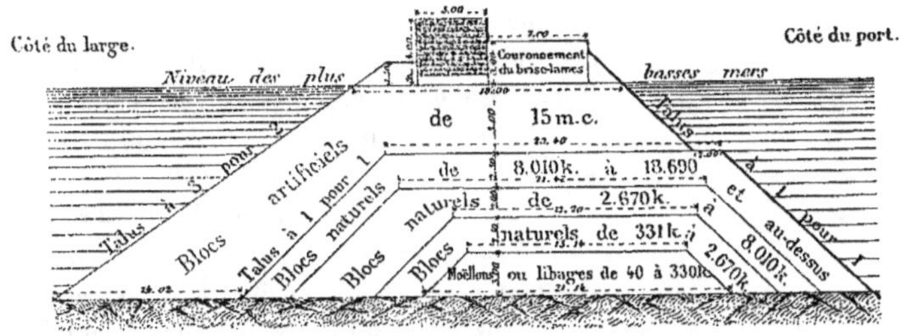

Tel qu'il est, le brise-lames a déjà eu une action décisive sur l'état du port. Par quelque temps que ce soit, la nappe d'eau enfermée entre les jetées est calme.

Ainsi se trouvent pleinement justifiées les propositions faites à toute époque par le service des ponts et chaussées, et les résolutions définitives prises par le Conseil général des ponts et chaussées, le 24 octobre 1878. Les appréhensions de M. le contre-amiral de Saint-André ne se sont pas réalisées, et, quant à la suppression de la passe Est, l'expérience prouve qu'elle eût été des plus fâcheuses, non seulement au point de vue du ressac qu'auraient provoqué les masses d'eau se précipitant dans une enceinte fermée, mais aussi au point de vue de la navigation elle-même.

La roche sous-marine effraye encore les bateaux de grande longueur ; mais nul doute que, dès qu'elle sera enlevée, la passe de l'Est ne soit très fréquentée.

Le port est donc très bon dès aujourd'hui, et cette situation ne pourra que s'améliorer encore lorsque le brise-lames sera terminé; les passes sont d'un accès relativement facile, meilleur que dans nombre de ports importants; enfin la tenue est excellente, et nous ne connaissons pas d'exemple de bateau ayant chassé sur ses ancres. Le port, du reste, est assez étendu (24 hectares) pour suffire pendant bien longtemps à tous les besoins du commerce.

Action des coups de mer sur le brise-lames. — Le brise-lames a déjà subi de fortes tempêtes, notamment le 31 janvier 1888, et des avaries se sont produites, si l'on peut appeler avaries, l'aménagement rationnel des matériaux suivant le talus naturel qu'ils doivent avoir.

Le revêtement extérieur en blocs artificiels a été prévu et exécuté à 45 degrés; à chaque coup de mer un peu violent, les blocs du haut roulent au pied et il faut les remplacer. On arrivera à avoir ainsi, dans un temps rapproché, un talus extérieur de 3 de base pour 2 de hauteur. Mais le brise-lames n'en sera que mieux assis et plus résistant. Seulement, la dépense sera sensiblement augmentée.

Le brise-lames ne sera terminé qu'en 1891.

DÉPENSES FAITES.

De 1868 à 1872. — Entreprise Dessoliers; adjudication du 12 mai 1868, approuvée par M. le Gouverneur général le 20 mai 1868.

Les travaux de construction des jetées ont donné lieu à une dépense de.. 3,334,599ᶠ 37ᶜ

Chaux hydraulique fournie par l'Administration....... 600,000 00

De 1872 à 1880. — Les travaux d'entretien, ceux des réparations des jetées après les coups de mer de 1874, les constructions de blocs artificiels en approvisionnement, la chaux hydraulique, la construction d'un pont sur l'oued

À reporter................ 3,934,599ᶠ 37ᶜ

Report.................. 3,934,599^f 37^c

Allala ont occasionné, pendant cette période une dépense totale de................................. 438,262 56

De 1880 à ce jour. — Entreprise Alcay et Helfferich ; construction d'un brise-lames devant la passe et restauration provisoire des jetées. Adjudication du 18 novembre 1879 approuvée par M. le Préfet le même jour :

Dépenses autorisées à l'entreprise... 1,993,473^f 49^c ⎫

Dépenses autorisées en régie......   723,465 12 ⎬ 2,716,938 61

Total pour les dépenses faites à la fin de 1888...... 7,089,800^f 54^c

Travaux restant à faire. — Pour terminer le port de Ténès, il reste d'importants travaux à faire. Ce sont, par ordre d'urgence :

1° Le dérasement de la roche sous-marine ;

2° L'installation des feux nécessaires à l'éclairage des passes ;

3° La construction de deux môles de débarquement et des quais ;

4° L'achèvement des parties des jetées démolies.

Le dérasement de la roche sous-marine est commencé.

Le projet de l'installation des feux a été renvoyé à l'approbation de l'Administration supérieure.

Celui de la construction des môles (un seul suffira sans doute pendant longtemps) est en préparation.

Enfin, le projet de l'achèvement des jetées ne paraît présenter aucun caractère d'urgence ; s'il était admissible de laisser dans un port des jetées inachevées, on pourrait les laisser comme elles sont, sauf une partie de la jetée N. O.

Il est bien évident du reste que, pour faire en toute connaissance de cause le projet de la restauration complète de ces jetées, il faut voir comment la mer se comportera lorsque le brise-lames sera achevé.

Enfin, nous devons classer dans les travaux restant à faire, le rechargement du talus extérieur du brise-lames en blocs artificiels, au fur et à mesure que ceux qui sont à la flottaison roulent au pied du talus.

Il n'existe à Ténès ni moyens de chargement et de déchargement, si ce n'est un petit môle fait pour les besoins de la construction et qui sert au commerce, ni grues, ni ouvrages pour réparer les navires, ni moyens d'entretenir la profondeur, etc.

DÉPENSES RESTANT À FAIRE.

Pour l'achèvement du brise-lames, augmentation motivée par l'inclinaison que prend le talus extérieur des blocs artificiels......... 575,000f 00c

Restauration des jetées (d'après le projet présenté en 1878)..................................... 925,000 00

Construction de deux môles.................... 1,200,000 00

Éclairage des passes......................... 52,000 00

Dérasement de la roche..................... 42,000 00

Total des dépenses restant à faire pour achever le port de Ténès.................................... 2,794,000f 00c

CHAPITRE IV.

DESCRIPTION DU PORT.

Le port de Ténès se compose aujourd'hui de deux jetées laissant entre elles une passe de 164 mètres, couverte par un brise-lames de 400 mètres de longueur.

La jetée de l'Ouest prend plus particulièrement le nom de jetée Sud-Ouest, dans la partie qui relie l'Îlot à la terre, et de jetée Nord-Ouest, dans la partie qui part de l'Îlot en se dirigeant vers l'Est. Le couronnement de cette dernière n'existe pas. La jetée de l'Est s'appelle jetée Nord-Est. Son couronnement a été également enlevé sur 190 mètres, à son extrémité.

La surface abritée est de 24 hectares : par des fonds de 2 à 9 mètres, dans la moitié du port qui touche au rivage; de 9 à 12 mètres, dans l'autre moitié.

Le fond, de sable vaseux, est d'une tenue excellente.

La roche sous-marine du milieu du port, dont les dimensions sont 40 mètres sur 16, est arasée par 5 mètres d'eau; on travaille à son dérasement.

La passe entre les extrémités des jetées offre une profondeur d'eau de 12 mètres. Elle est couverte par le brise-lames.

Le brise-lames a une direction E. N. E. – O. S. O.; il laisse dans l'Est une passe de 120 mètres de largeur, par 12 mètres d'eau, et dans l'Ouest, une passe de 200 mètres, avec 15 et 17 mètres d'eau. Il est achevé sur 200 mètres de longueur; sur 110 mètres, à la suite, le couronnement est fait, et il ne reste à construire que les blocs de garde. Sur les 30 mètres qui suivent, la couche des blocs artificiels est presque achevée. Enfin, les 40 derniers mètres sont par 5 mètres d'eau. Le musoir Ouest, dont l'empattement est très avancé, émerge, comme nous l'avons dit plus haut.

Les autres travaux ne sont pas faits; il existe bien à terre, le long du rivage, des terre-pleins élevés de 3 mètres environ au-dessus des basses mers; mais ils sont entièrement occupés pour les besoins des travaux; le petit môle dont nous avons parlé, seul, est utilisé par le commerce.

CHAPITRE V.

RENSEIGNEMENTS COMMERCIAUX.

Le port de Ténès est un port de refuge et un port de commerce.

Un port de refuge, parce que d'Alger à Arzew, sur 180 milles de longueur, la côte inhospitalière ne présente aucun abri pour les navires.

Un port de commerce, par sa situation géographique, au seuil de territoires fertiles et de massifs montagneux renfermant des richesses métallurgiques considérables.

Ténès est en effet le débouché naturel de toute la partie centrale de l'immense plaine du Chélif, dans un rayon de 75 kilomètres environ autour d'Orléansville. Cette plaine produit des quantités considérables de grains de qualité supérieure; de plus, des systèmes d'irrigation, créés à grands frais par l'État, permettront d'y donner un développement très grand à la culture intensive, dès que cette culture sera assurée de moyens de transports plus courts et, partant, moins coûteux. Orléansville est du reste, dès à présent, une ville importante, et de nombreux villages se sont créés et se créent encore aujourd'hui aux alentours.

La vallée du Chélif suffirait donc à donner déjà au port de Ténès un transit important. Mais toute la région du Dahra est aussi un pays fertile et elle renferme d'énormes richesses métallurgiques.

«Ténès, écrivait en 1856 M. Ville, ingénieur en chef des mines, est le centre d'un district remarquable par les nombreux gîtes cuprifères qu'on a signalés jusqu'à ce jour.

«Ces gîtes ont donné lieu à diverses concessions et à des permis de recherches; les concessions sont : 1° la concession de la mine de cuivre, fer et plomb de l'oued Allala; 2° la concession de la mine de cuivre, fer et plomb de l'oued Tafilès; 3° la concession de la mine de cuivre, fer et plomb du cap Ténès. »

Les travaux de recherches et d'exploitation sont abandonnés aujourd'hui; mais nul doute qu'ils ne soient repris dès qu'une communication rapide sera assurée.

La prospérité du port de Ténès, dans un avenir plus ou moins éloigné, est donc certaine; elle dépend entièrement de la création du chemin de fer qui doit le relier à Orléansville.

Nous avons vu qu'avant 1869 Ténès était le centre d'un commerce déjà important : la route qui le reliait à Orléansville n'avait en effet que 56 kilomètres, tandis que d'Orléansville aux ports les plus prochains il y avait plus de 200 kilomètres; la construction du chemin de fer d'Alger à Oran est venue arrêter cet essor. Les produits du Chélif ont été dirigés par la voie la plus rapide sur les ports d'Alger et d'Oran; la dépréciation sur les produits métallurgiques a fait le reste.

La création du chemin de fer d'Orléansville, rétablissant les anciennes conditions de distance, redonnera la vie et le mouvement à Ténès.

Ce chemin de fer a été classé par la loi de 1879 dans le réseau des lignes de chemin de fer d'intérêt général à construire en Algérie dans un délai de dix ans.

Il n'a encore fait l'objet d'aucune convention.

En l'état actuel, le port de Ténès commerce avec l'Espagne et Alger.

Les principales marchandises importées sont : les pommes de terre, les fruits secs ou tapés, les matériaux, les vins, les eaux-de-vie, la poterie, la vannerie, les cordages.

Les principales marchandises exportées sont : les poissons de mer (deux sardineries sont établies à Ténès), les grains (du Dahra et des villages voisins), les farines de froment, les légumes secs et leurs farines, les graines à ensemencer, le son.

RENSEIGNEMENTS GÉNÉRAUX.

Chenal entre les jetées.. { Largeur à l'entrée...................... 161^m 68
{ Profondeur d'eau en morte eau ordinaire..... 11 et 12 mètres.
Superficie affectée au séjour des navires........................ 24 hectares.
Longueur totale des quais....................................... 41 mètres.
Superficie totale des terre-pleins des quais...................... 670 mètres carrés.

ENTRÉES.

ANNÉES.	NATIONA-LITÉS.	NAVIRES À VOILES.				NAVIRES À VAPEUR.				RELÂCHEURS.		TOTAL des TROIS CATÉGORIES.	
		NOMBRE DE NAVIRES			Ton-nage.	NOMBRE DE NAVIRES			Ton-nage.	Nom-bre.	Ton-nage.	Nom-bre.	Ton-nage.
		char-gés.	sur lest.	Total.		char-gés.	sur lest.	Total.					
					ton-neaux.				ton-neaux.		ton-neaux.		ton-neaux.
1880	Français..	59	14	73	2,953	46	"	46	14,964	1	89	134	18,515
	Étrangers.	12	1	13	484	"	"	"	"	1	25		
1881	Français..	52	2	54	1,896	42	"	42	14,644	8	455	117	17,361
	Étrangers.	10	"	10	271	"	"	"	"	3	95		
1882	Français..	43	8	51	2,354	48	"	48	19,009	5	202	222	25,673
	Étrangers.	43	69	112	3,918	"	"	"	"	6	190		
1883	Français..	37	5	42	2,197	124	11	135	77,922	6	307	242	83,451
	Étrangers.	35	22	57	2,955	"	"	"	"	2	70		
1884	Français..	33	7	40	1,490	104	11	115	62,306	7	296	201	66,430
	Étrangers.	22	13	35	1,740	1	"	1	497	3	101		
1885	Français..	21	5	26	1,010	67	19	86	16,960	4	280	149	20,543
	Étrangers.	18	12	30	868	1	1	2	1,386	1	39		
1886	Français..	16	7	23	996	39	22	61	8,673	5	154	161	12,734
	Étrangers.	29	36	65	2,664	"	"	"	"	7	247		
1887	Français..	11	1	12	471	59	11	70	8,369	7	350	181	11,153
	Étrangers.	26	9	35	1,708	"	"	"	"	7	255		

SORTIES.

ANNÉES.	NATIONALITÉS.	NAVIRES À VOILES. Nombre de navires chargés.	NAVIRES À VOILES. Nombre de navires sur lest.	NAVIRES À VOILES. Nombre de navires Total.	NAVIRES À VOILES. Tonnage.	NAVIRES À VAPEUR. Nombre de navires chargés.	NAVIRES À VAPEUR. Nombre de navires sur lest.	NAVIRES À VAPEUR. Nombre de navires Total.	NAVIRES À VAPEUR. Tonnage.	RELÂCHEURS. Nombre.	RELÂCHEURS. Tonnage.	TOTAL des trois catégories. Nombre.	TOTAL des trois catégories. Tonnage.
					tonneaux.				tonneaux.		tonneaux.		tonneaux.
1880	Français..	56	19	75	3,167	46	»	46	14,964	1	89	136	18,587
	Étrangers.	7	6	13	342	»	»	»	»	1	25		
1881	Français..	39	14	53	1,876	42	»	42	14,644	8	455	115	17,321
	Étrangers.	4	5	9	251	»	»	»	»	3	95		
1882	Français..	38	14	52	2,372	48	»	48	19,009	5	202	220	25,616
	Étrangers.	99	10	109	3,843	»	»	»	»	6	190		
1883	Français..	36	4	40	1,444	97	39	136	78,644	6	307	245	83,518
	Étrangers.	55	6	61	3,053	»	»	»	»	2	70		
1884	Français..	36	5	41	1,628	84	29	113	61,776	7	296	198	65,811
	Étrangers.	30	2	32	1,393	1	1	2	617	3	101		
1885	Français..	17	6	23	908	58	31	89	17,434	4	280	149	21,089
	Étrangers.	29	1	30	1,042	2	»	2	1,386	1	39		
1886	Français..	12	11	23	1,019	36	25	61	8,673	5	154	158	12,418
	Étrangers.	53	9	62	2,325	»	»	»	»	7	247		
1887	Français..	8	5	13	479	49	21	70	8,369	7	350	136	11,533
	Étrangers.	33	6	39	2,080	»	»	»	»	7	255		

IMPORTATIONS ET EXPORTATIONS.

ANNÉES.	IMPORTATIONS provenant DE PORTS FRANÇAIS ET ÉTRANGERS.	EXPORTATIONS à destination DE PORTS FRANÇAIS ET ÉTRANGERS.
	tonnes.	tonnes.
1880....................................	2,571	5,268
1881....................................	1,988	2,286
1882....................................	3,967	4,991
1883....................................	4,019	4,965
1884....................................	4,791	4,283
1885....................................	5,066	5,092
1886....................................	4,035	6,115
1887....................................	4,047	5,823

DROITS DE DOUANES.

ANNÉES.	IMPORTATIONS.	EXPORTATIONS.	ACCESSOIRES.	NAVIGATION.	TAXE DES SELS.
	fr. c.		fr. c.	fr. c.	
1880.........	2,019 81	//	152 76	146 96	//
1881.........	2,941 47	//	125 97	144 25	//
1882.........	3,663 09	//	190 83	279 29	//
1883.........	3,814 23	//	548 61	306 42	//
1884.........	2,743 01	//	362 24	296 37	//
1885.........	3,123 15	//	222 71	182 98	//
1886.........	2,769 75	//	365 35	335 99	//
1887.........	2,707 55	//	177 90	182 61	//

MOUVEMENT DES VOYAGEURS.

	ARRIVAGES. voyageurs.	DÉPARTS. voyageurs.
1880	433	324
1881	235	309
1882	241	307
1883	553	746
1884	494	456
1885	529	486
1886	466	346
1887	495	424

BIBLIOGRAPHIE.

Bérard, capitaine de corvette. Description nautique des côtes de l'Algérie.

Lieussou, ingénieur hydrographe de la marine. Étude sur les ports de l'Algérie.

Ibn-Khaldoun, traduction par M. le baron de Slane, interprète principal de l'armée d'Afrique. Histoire des Berbères et des dynasties musulmanes de l'Afrique septentrionale.

Le capitaine E. Bourin. Les villes de l'Algérie, Ténès (*Cartenna*).

Ville, ingénieur en chef des mines. Notice minéralogique sur les provinces d'Oran et d'Alger.

Archives de l'arrondissement d'Orléansville.

MINISTÈRE DES TRAVAUX PUBLICS.

PORTS MARITIMES
DE LA FRANCE.

NOTICE

SUR

LE PORT DE TÉNÈS,

PAR M. BRANLIÈRE,

CONDUCTEUR FAISANT FONCTIONS D'INGÉNIEUR DES PONTS ET CHAUSSÉES.

PARIS.
IMPRIMERIE NATIONALE.

M DCCC XC.

PORT DE TÉNÈS.

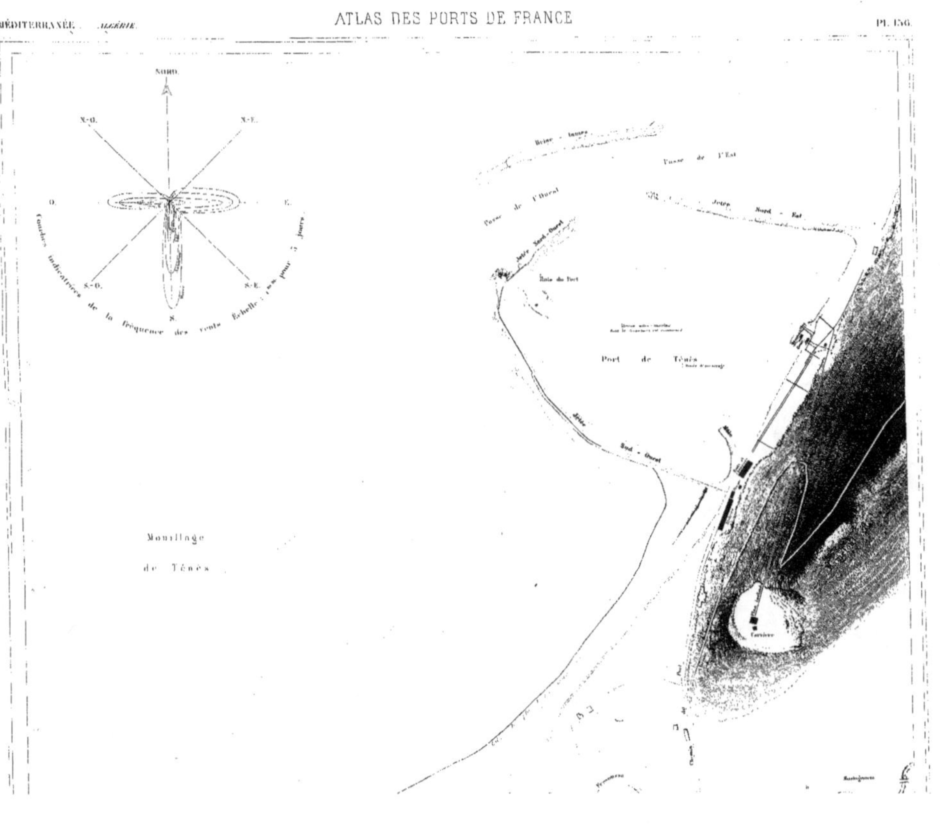
NORD.
N.-O.
N.-E.
O.
E.
S.-O.
S.-E.
S.
Courbes indicatrices de la fréquence des vents. Échelle : un pour 12 jours
Mouillage
de Ténès
Brise - lames
Passe de l'Est
Passe de l'Ouest
Jetée Nord - Est
Jetée Nord - Ouest
Baie du Port
Port de Ténès
Jetée Sud - Ouest
Carrière